SUR LA POLITIQUE

RATIONNELLE.

DE L'IMPRIMERIE DE LACHEVARDIERE,

RUE DU COLOMBIER, N° 30.

SUR LA
POLITIQUE
RATIONNELLE,

PAR

Alphonse de Lamartine.

Cherchez premièrement le royaume de Dieu :
le reste vous sera donné par surcroît.
ÉVANGILE.

PARIS,
LIBRAIRIE DE CHARLES GOSSELIN,
RUE SAINT-GERMAIN-DES-PRÉS, N° 9.

OCTOBRE 1831.

AVERTISSEMENT

DE L'ÉDITEUR.

Cette lettre, demandée à M. de Lamartine pour la première livraison de
la *Revue européenne*, journal rédigé
par quelques amis politiques de l'auteur,
n'était pas destinée par lui à un autre

genre de publication ; mais ses idées ,
jetées à la hâte sur le papier, ayant acquis
des développemens qui dépassaient les
limites bornées d'une lettre ou d'un article , et la *Revue* de septembre ayant
paru trop tôt pour que cette insertion y
fût possible , M. de Lamartine nous a
accordé l'autorisation de publier sépa-
rément ce morceau de haute politique ,
dont l'importance sera appréciée par les
hommes qui cherchent le vrai et le bien
en dehors des partis et au-delà des
idées et des passions du jour. Nous
croyons que les principes de cet écrit

sont assez élevés et assez neufs pour
survivre à l'intérêt de la semaine et au
mérite de la circonstance.

POLITIQUE RATIONNELLE.

A M. LE DIRECTEUR DE LA REVUE
EUROPÉENNE.

I.

MONSIEUR,

Votre lettre m'arrive au fond de ma solitude; mais il n'y a plus de solitude pour un
esprit sympathique et pensant, dans les
temps laborieux où nous vivons; la pensée
générale, la pensée politique, la pensée so-

ciale domine et oppresse chaque pensée individuelle; nous voulons la déposer en vain;
elle est autour de nous, en nous, partout;
l'air que nous respirons nous l'apporte,
l'écho du monde entier nous la renvoie. En
vain nous nous réfugions dans le silence des
vallées, dans les sentiers les plus perdus de
nos forêts; en vain, dans nos belles nuits de
septembre, nous contemplons d'un regard
envieux ce ciel paisible et étoilé qui nous
attire et l'ordre harmonieux et durable de
l'armée céleste; le souvenir de ce monde
mortel qui tremble sous nos pieds, les soucis
du présent, la prévision de l'avenir, nous attei-
gnent jusqu'à ces hauteurs même. Nous revenons de ces demeures de paix avec un esprit
chargé de trouble; une voix importune et

forte, une voix qui descend du ciel, comme elle s'élève de la terre, nous dit que ce temps n'est pas celui du repos, de la contemplation, des loisirs platoniques, mais que si l'on ne veut pas être moins qu'un homme on doit descendre dans l'arène de l'humanité, et combattre, et souffrir, et mourir s'il le faut avec elle, et pour elle!

Vous le savez, je n'ai point refusé ce combat; je me suis présenté à la France avec la conviction d'un devoir à remplir, avec le dévouement d'un fils; elle n'a pas voulu de moi; je n'ai point manqué à la lutte, c'est la lutte qui m'a manqué; presque seul parmi les hommes qui n'ont pas renié ou combattu la restauration, j'ai affronté, pour accomplir ce devoir de citoyen et de Français, le sourire

de pitié de nos machiavels monarchiques,
les insultes et les menaces du parti dont la
politique n'est que de la haine, et qui appelle
liberté la dérision de son despotisme de place
publique. Les uns n'ont vu en moi qu'un esprit faible qui ne comprenait pas la neutra-
lité dans les temps de lutte, ou l'habileté de
l'inertie ; les autres, qu'un ambitieux trop
pressé qui prenait un détour habile pour entrer avec les vainqueurs en partage de quelque honteuse dépouille; les autres, enfin,
qu'un absolutiste déguisé venant tendre un
piége à la liberté pour la faire trébucher
dans sa route, et rire ensuite avec ses com-
plices de ce grand cataclysme de la civilisation moderne, aboutissant à un coup d'état
au profit de quelque impuissante ordonnan-

ce; ainsi sont jugés les hommes pendant
qu'ils respirent dans cette atmosphère de
corruption et de mensonge qu'on appelle les
temps de partis. Je suis donc resté seul et
dans le silence ; mais seul avec une conscience qui m'approuve , avec un présent
qui me justifie , avec un avenir qui du moins
ne m'accusera pas ! mais seul avec vous ,
avec tant d'hommes jeunes et sincères , avec
tant d'esprits élevés et rationnels qui ont fait
de leur pensée politique un sanctuaire où
l'intrigue et la passion ne pénètrent pas ; qui
cherchent la vérité sociale à la seule lueur
de la vérité divine; qui placent la morale, le
devoir, le salut et le progrès de l'humanité
au-dessus de leurs théories d'école et de leurs
affections de famille ; qui ont dans le cœur

autre chose qu'un nom propre; qui com-
prennent de l'humanité toutes ses époques,
toutes ses formes, toutes ses transformations
même; esprits marchant en dehors, mais en
avant des générations, comme la colonne de
feu en avant de l'armée de Moïse; véritable
majorité pensante de ce siècle, qui laissera
seule peut-être une trace lumineuse quand
tout ce désert aura été franchi, quand toute
cette poussière sera retombée.

Vous me demandez deux choses dans votre lettre : une coopération personnelle au
journal que vous fondez; et mon opinion sur
les principes politiques qu'il doit arborer et
propager.

Quant à la coopération, je suis à regret
forcé de vous répondre non : je n'ai jamais

écrit dans aucun journal; je n'écrirai jamais dans un journal dont je ne serais pas seul responsable. Ne voyez pas dans ces paroles un superbe dédain de ce qu'on appelle journalisme; loin de là; j'ai trop l'intelligence de mon époque pour répéter cet absurde non-sens, cette injurieuse ineptie contre la presse périodique; je comprends trop bien l'œuvre dont la providence l'a chargée. Avant que ce siècle soit fermé, le journalisme sera toute la presse, toute la pensée humaine; depuis cette multiplication prodigieuse que l'art a donnée à la parole, multiplication qui se multipliera mille fois encore, l'humanité écrira son livre jour par jour, heure par heure, page par page. la pensée se répandra dans le monde avec la rapidité de la lumière; aussi-

tôt conçue, aussitôt écrite, aussitôt enten-
due aux extrémités de la terre, elle courra
d'un pôle à l'autre, subite, instantanée,
brûlant encore de la chaleur de l'âme qui
l'aura fait éclore; ce sera le règne du verbe
humain dans toute sa plénitude; elle n'aura
pas le temps de mûrir, de s'accumuler sous
la forme de livre; le livre arriverait trop
tard; le seul livre possible dès aujourd'hui,
c'est un journal. Ce n'est donc pas chez moi
mépris de cette forme nécessaire de publication, de cette démocratie de la parole; non;
c'est un respect religieux pour ma conviction
politique, conviction forte, absolue, entière,
que je ne pourrais associer à d'autres con-
victions sans l'altérer souvent, sans la déna-
turer peut-être. L'association, si utile pour

agir, ne vaut rien pour parler; la solidarité
de la pensée est celle qu'un esprit indépendant et convaincu accepte le moins; chaque
pensée est un tout auquel on ne peut ajou-
ter ou retrancher sans changer sa nature.
C'est l'unité morale.

Quant à la haute direction politique dont
vos amis et vous, avez déjà si heureusement
et si courageusement reconnu les sommités,
dans le *Correspondant*, voici les principales
considérations morales, historiques et philo-
sophiques qui la traceraient devant moi, si
j'avais la force et le talent de coopérer à votre œuvre sociale.

—•••—

II.

Lorsqu'un homme veut embrasser du regard un horizon plus vaste, il s'élève à une
hauteur proportionnée à celui qu'il veut dé-
couvrir; de là, il plonge et il voit. Ainsi doit
faire le philosophe; élevons-nous donc à ces
hauteurs intellectuelles, d'où l'œil contem-

ple le passé, domine le présent, et peut entrevoir l'avenir. Dépouillons-nous par la
pensée de nos qualités d'âge, de pays, d'é-
poque, de nos préjugés, de nos habitudes de
patrie et de parti; laissons au pied de la
montagne ces vêtemens et ces sandales du
jour, réduisons-nous à la nature de pure
intelligence, et regardons! Ce sommet, d'où
l'homme peut contempler la route passée et
future de l'humanité, c'est l'histoire; la lumière qui doit éclairer à ses yeux ce double horizon, c'est la morale, ce jour divin
qui émane de Dieu lui-même, et qui ne peut
ni égarer ni faillir! Ainsi placé, ainsi éclairé,
avec le cœur droit et l'œil pur, on peut
présenter au philosophe le problème social
le plus complexe, le plus obscur; il le ré-

soudra; il le résoudra avec une précision
métaphysique à quelques accidens , à quelques siècles d'erreur près dans la durée des
phases sociales, dont la Providence se ré-
serve le secret; sublime prophète de la raison, il écrira l'histoire de l'avenir! Ce problème, les évènemens l'ont posé devant
nous : chaque cœur le sonde en secret ,
chaque intelligence le scrute, chaque bouche répète : où sommes - nous? où allons-
nous? et que faire?

III.

Où sommes-nous? — Non point à la fin
des temps, non point au cataclysme suprême des sociétés humaines, non pas même
à une de ces époques honteuses sans espérance et sans issue, où l'humanité croupit
dans une longue et vile corruption, et se

2

décompose dans sa propre fange. Non ;
l'histoire et l'évangile à la main, en voyant
le peu de chemin qu'a fait l'homme, et la
route immense que la raison humaine et le
Verbe divin ouvrent à son perfectionnement
ici-bas, nous sentons que l'humanité touche
à peine à son âge de raison ; d'un autre
côté, en plaçant la main sur le cœur de
l'homme social, en sentant battre en lui
cette espérance indéfinie, cette ardeur et
cette audace viriles, cette sève de force et de
désirs qui tarit moins que jamais à notre
époque, en écoutant ses paroles hardies,
ses promesses aventureuses, en s'effrayant
même de cette surabondance d'énergie qui
le révolte contre tout frein, qui le brise contre tout obstacle, nous sentons que le prin-

cipe vital est loin d'être affaibli dans l'humanité. L'humanité est jeune , sa forme sociale est vieille et tombe en ruines; chrysalide immortelle, elle sort laborieusement de son enveloppe primitive, pour revêtir sa robe virile, la forme de sa maturité. Voilà le vrai! Nous sommes à une des plus fortes époques que le genre humain ait à franchir pour avancer vers le but de sa destinée divine, à une époque de rénovation et de transformation sociale pareille peut-être à l'époque évangélique ; la franchirons-nous sans périr? sans que quelques générations se débattent ensevelies sous les débris d'un passé qui s'écroule? sans qu'un siècle ou deux soient perdus dans une lutte atroce et stérile? Voilà la question : avant le 27 juillet 1830,

elle était résolue; le pont était jeté sur l'a-
bîme qui sépare le passé de l'avenir. La
restauration avait reçu d'en-haut la plus
belle et la plus sainte mission que la Providence pût donner à une race royale, la mission que reçut Moïse; de conduire la France,
cette avant-garde de la civilisation moderne,
hors de la terre d'Égypte, de la terre d'arbi-
traire, de privilége et de servitude; elle ne
l'a pas comprise jusqu'au bout; le suicide
de juillet, si funeste au présent, fut le meurtre de l'avenir; la race de saint Louis, comme
le prophète du Sinaï, a péri pour son doute
avant d'avoir touché la terre des promesses;
mais nous, génération innocente de cette
faute, la verrons-nous avant de mourir?

IV.

Où allons - nous ? — La réponse est tout
entière dans le fait actuel : nous allons à une
des plus sublimes haltes de l'humanité, à
une organisation progressive et complète
de l'ordre social sur le principe de liberté
d'action et d'égalité de droits ; nous entre-

voyons, pour les enfans de nos enfans, une
série de siècles libres, religieux, moraux,
rationnels, un âge de vérité, de raison et de
vertu au milieu des âges; ou bien, fatale al-
ternative! nous allons précipiter la France
et l'Europe dans un de ces gouffres qui sé-
parent souvent deux époques, comme l'a-
bîme sépare deux continens, et nous mour-
rons en léguant à nos fils un ordre social
défait, des principes nouveaux douteux,
contestés, ensanglantés, le pouvoir impossible, la liberté impraticable, la religion
persécutée ou avilie, une législation rétrograde, une guerre européenne universelle,
sans fruit comme sans terme, la légalité de
l'échafaud, la civilisation des bivouacs, la
morale des champs de bataille, la liberté

des Satrapes, l'égalité des brigands; et au milieu de tout cela, une idée étouffée dans le sang, mutilée par le sabre, germant çà et là dans quelques âmes généreuses, comme le Christianisme dans les catacombes, rejetée cent fois aux hasards des évènemens et des catastrophes, et ne refleurissant sur la terre qu'après deux siècles de stérilité, de servitude, de forfaits et de ruines! Ce choix se fait à l'heure où je vous écris!

V.

Que faire donc? — Ce mot vous semble
hardi, il ne l'est pas; Dieu, qui a donné la
liberté morale à l'homme qu'il a créé pour
choisir et pour agir, lui a donné le même
jour la lumière pour éclairer son choix. La
politique, dont les anciens ont fait un mys-

tere, dont les modernes ont fait un art, n'est
ni l'un ni l'autre : il n'y a là ni habileté ni
force, ni ruse; à l'époque rationnelle du
monde, dans l'acception vraie et divine du
mot, la politique, c'est de la morale, de la
raison et de la vertu !

Laissez donc le scepticisme se complaire
dans son impuissance, et nier la vérité sociale, pour n'avoir pas la peine de la décou-
vrir ou de la défendre ! Laissez le machiavé-
lisme, cette friponnerie politique, prendre le
genre humain pour dupe et la providence
pour complice ! Laissez le préjugé et la rou-
tine user leurs forces dans la stérile contemplation d'un passé qu'ils ne peuvent rani-
mer, car il est déjà froid, et leur souffle n'a
point de vie à lui rendre ! Laissez enfin le

fatalisme rêver le crime à défaut de la force,
décimer l'humanité au lieu de l'éclairer, et
du haut des échafauds jeter au peuple la terreur et la mort pour semer la vengeance et
le sang! Systèmes atroces ou insensés, tris-
tes produits de la faiblesse de l'esprit et de
la perversité du cœur! Montez plus haut, et
vous verrez plus loin ; et la lumière de
la vérité même, qui n'est autre que la
morale, éclairera pour vous cet horizon de
ténèbres, de mensonge, d'illusions, qu'on
appelle la politique! tous les partis élèveront
la voix pour vous accuser ou vous proscrire;
tous ont intérêt à ces ténèbres, car tous ont
quelque chose à cacher, et quelqu'un à tromper! Le vôtre même s'inscrira le premier
contre vous! Mais la conscience du juste est

d'airain; elle a à elle seule une voix plus forte
que son siècle, qui retentit plus juste et plus
haut que ces passagères clameurs; et soyez-
en sûr, c'est la seule voix qui ait son écho
dans l'avenir, et son applaudissement dans
la postérité!

Votre théorie sociale sera simple et infaillible: en prenant Dieu pour point de départ
et pour but, le bien le plus général de l'humanité pour objet, la morale pour flam-
beau, la conscience pour juge, la liberté
pour route, vous ne courrez aucun risque
de vous égarer; vous aurez tiré la politique
des systèmes, des illusions, des déceptions
dans lesquelles les passions ou l'ignorance
l'ont enveloppée; vous l'aurez replacée où
elle doit être, dans la conscience; vous au-

rez saisi enfin dans le perpétuel mouvement des siècles, dans l'orageuse instabilité des faits, des esprits et des doctrines, quelque chose de fixe et de solide, qui ne tremblera plus sous vos mains.

VI.

Quatre grandes époques dominent l'état social des générations écoulées, semblables à ces époques créatrices que le naturaliste croit reconnaître dans les développemens séculaires du globe; l'âge théocratique, qui commence avec le monde sortant des mains

du créateur, et qui finit aux temps héroï-
ques ; l'âge tyrannique ou le règne de la
force brute, plus ou moins altérée par la législation commençante, qui se lève avec les
temps historiques, et qui tombe devant le
Christ avec la polygamie et l'esclavage ; l'âge
monarchique mêlé ou tempéré d'oligarchie,
d'aristocratie, de féodalité, de puissance sacerdotale , qui s'ouvre à Constantin et se
ferme avec la tombe de Louis XIV, ou sur
le rocher de Sainte-Hélène, dont le géant
captif l'avait si glorieusement mais si vai-
nement ressuscité ; nous touchons à l'époque
du droit et de l'action de tous, époque toujours ascendante, la plus juste, la plus morale , la plus libre de toutes celles que le
monde a parcourues jusqu'ici, parcequ'elle

tend à élever l'humanité tout entière à la
même dignité morale, à consacrer l'égalité
politique et civile de tous les hommes devant
l'état, comme le Christ avait consacré leur
égalité naturelle devant Dieu; cette époque
pourra s'appeler l'époque évangélique, car
elle ne sera que la déduction logique, que la
réalisation sociale du sublime principe dé-
posé dans le livre divin comme dans la nature même de l'humanité, de l'égalité et la
dignité morales de l'homme, reconnues enfin
dans le code des sociétés civiles.

Chacune de ces époques a eu sa forme
propre, son œuvre, sa force vitale et sa
durée avant d'en enfanter une autre. C'est
d'abord Dieu tout seul se révélant par la nature et parlant par la conscience, le plus

saint des oracles , si l'interprète n'eût pas
été l'homme! puis le héros ou l'homme fort,
conquérant l'obéissance par la reconnaissance ou par la crainte; puis le tyran, ou le
sénat, tyran à plusieurs têtes, ou l'aristocratie,
ou le régime sacerdotal imposant, à l'aide de
quelques uns, sa volonté à tous; puis le roi
et ses pairs; puis le roi et son peuple repré-
senté devant lui par l'élection et non par un
droit de fait et de naissance, et le constituant
seulement organe et agent de la volonté universelle : cette forme se rapproche plus de
la république rationnelle que la république fictive des anciens; c'est l'époque présente, république véritable, nous ne dispu-
tons que sur le nom.

L'œuvre de cette grande époque, œuvre

longue, laborieuse, contestée, c'est d'appli-
quer la raison humaine, ou le verbe divin,
ou la vérité évangélique à l'organisation politique des sociétés modernes, comme la vérité évangélique fut dès le principe appliquée
à la législation civile et aux mœurs. Remar-
quez-le bien! la politique a été jusqu'ici hors
la loi de Dieu! la politique des peuples chrétiens est encore païenne! l'homme ou l'humanité n'est à ses yeux qu'un véritable esclave
antique, né pour servir, payer, combattre,
et mourir! horrible mensonge qui souille à
leur insu tant de cœurs chrétiens, tant de
bouches même pieuses! L'homme social
doit être désormais aux yeux du philosophe, aux yeux du législateur, ce que l'homme
isolé est aux yeux du vrai chrétien : un fils

de Dieu ayant les mêmes titres, les mêmes droits, les mêmes devoirs, la même destinée devant le père terrestre, l'État, que devant le père céleste, Dieu : c'est la forme que nous cherchons dans le droit et l'action de tous; cette forme que les modernes ont appelée démocratie, par analogie inexacte avec ce que les anciens nommaient ainsi, et qui n'était que la tyrannie de la multitude. Ce nom de démocratie, souillé et ensanglanté récemment parmi nous dans les saturnales de la révolution française, répugne encore à la pensée; bien que le philosophe lave les mots avant de s'en servir et purifie l'expression par l'idée, nous nommerons de préférence cette forme de gouvernement, la forme rationnelle, ou le droit de tous; or

la forme rationnelle ou du droit de tous
ne peut être autre chose que la liberté,
où chacun est juge et gardien de son
propre droit : donc l'époque moderne ne
peut être que l'époque de la liberté; sa mission est d'organiser le droit et l'action de
tous ou la liberté d'une manière vitale et
durable!

Toute organisation est lente et pénible,
c'est l'œuvre de plus d'un jour, de plus d'un
siècle peut-être. L'homme est homme; il se
dégoûte, il se rebute, il se hâte de nier ce
qu'il ne peut atteindre; ses réactions contre
sa propre pensée sont promptes et terribles;
elles le rejettent cent fois au point de départ,
comme le vaisseau qui revient se briser contre le rivage, repoussé par le flot même qui

devait le porter à un autre bord. Ces réactions peuvent être longues : voyez Bonaparte ! sublime réaction contre l'anarchie ;
il n'a duré que quinze ans, et pouvait durer
un demi-siècle! les temps de l'œuvre sociale
ne peuvent donc pas se calculer, à quelques
siècles près; Dieu seul les sait. Pendant qu'ils
s'accomplissent, l'homme individu passe,
souffre, espère, se plaint, et meurt ; mais
chaque vie individuelle a son œuvre complète et indépendante de l'œuvre sociale; un
jour, une vertu lui suffisent. L'homme social
ou l'humanité survit et s'avance vers une
destinée plus haute et plus inconnue!

Il nous est peut-être déjà donné d'entrevoir au moins l'époque qui succédera à la
nôtre; après les cinq ou six siècles qu'aura

duré l'âge de liberté, nous passerons à l'âge
de vertu et de religion pures, aux promesses
accomplies du législateur divin, à l'époque
de charité, mille fois supérieure encore à
l'époque de liberté, autant que la charité,
amour des autres, sentiment divin émané de
Dieu, est au-dessus de la liberté, amour de
soi, sentiment humain émané de l'homme.

Ces principes posés et admis, les applications à la crise actuelle, les déductions politiques pour notre théorie sociale comme
pour notre règle privée ou pour notre action
publique sont claires et incontestables; nous
savons où nous sommes, nous savons où
nous allons, nous savons par quelle route
nous devons tendre au but prochain ou éloigné que la Providence, manifestée par les

faits, pose sans cesse devant nous. Ces applications au temps actuel se présentent dans
les innombrables questions qu'une révolution soulève, comme le vent soulève la vieille
poudre du désert quand une pierre tombe
de la pyramide des siècles.

Révolution , dynastie , légitimité , droit
divin , droit populaire , souveraineté du fait
ou du droit; pouvoir , liberté , forme et
but du gouvernement; questions de culte
ou d'enseignement , de paix ou de guerre;
existence et hérédité d'un pouvoir aristocratique ou de la pairie ; législation , élection ,
extension ou restriction des pouvoirs des
communes , des municipalités, des provinces,
tout se classe , tout s'éclaire, tout se juge;
la conscience politique n'a plus de doutes.

le présent plus d'ambiguïtés, l'avenir plus
de mystères ; tout se résout dans ces seuls
mots : le bien le plus général de l'humanité
pour objet, la raison morale pour guide,
la conscience pour juge. A l'aide de ce grand
jury, l'esprit humain peut citer devant lui
le siècle, et prononcer sans crainte son infaillible verdict.

VII.

APPLICATIONS.

La circonstance est propice pour les applications rigoureuses de cette philosophie politique, aux évènemens qui se déroulent devant nous. La terre a tremblé; une secousse inattendue, subite, irrésistible, a déplacé tous les intérêts, toutes les passions, toutes les affections, tous les systè

mes. Tout est débris, tout est vide devant --

nous; les cœurs sont libres comme les con-

sciences; le sol est nivelé comme pour une

grande reconstruction sociale préparée par

le divin architecte. Un pouvoir antique que

les uns vénéraient par conviction ou par

souvenir, que les autres haïssaient par im-

patience ou par préjugés, s'est abîmé sur

lui-même, et, on peut le dire, par sa propre

et fatale volonté; nul parmi nous n'en est

coupable, amis ou ennemis l'ont vu tomber

avec une égale stupeur; je ne parle pas ici de

cette populace qui a des applaudissemens

pour tout ce qui surgit, des huées pour tout

ce qui tombe; ce pouvoir a péri dans la tem-

pête qu'il avait lui-même si aveuglément

suscitée. Nous-mêmes, royalistes d'esprit ou de cœur, hommes de logique ou de fidélité, nous ne pouvons que pleurer en silence sur ses ruines dispersées, vénérer et plaindre les augustes victimes d'une irrémédiable erreur, écarter l'insulte des cheveux blancs des vieillards, rappeler le respect et la pitié autour des tombeaux des martyrs, de l'asile pieux des femmes, et ne pas proscrire le pardon et l'espérance de la tête innocente des enfans; mais, abandonnés à nous-mêmes par un fait plus fort que nous, nous nous appartenons tout entiers; notre raison n'a plus de liens, notre affection privée ne lutte plus en nous contre notre logique sociale. Sachons donc, tout en déplorant ce qu'il y a de déplorable dans cette chaîne de siècles,

dont le dernier anneau s'est rompu malgré
nous dans nos mains, profiter en hommes
de cette liberté que la catastrophe même
nous a faite ! Ne nous conduisons pas par le
sentiment qui n'a point de place dans le fait
actuel, mais raisonnons et agissons ; ne
soyons pas les hommes d'une opinion, d'un
parti, d'une famille, mais les hommes du
présent et de l'avenir ! Quand nos fils, à qui
nous aurons légué notre ouvrage et notre
mémoire, nous jugeront de loin avec l'im-
partialité et la rigueur de la distance, quand
tous les sentimens personnels seront morts
et froids devant eux, quand ils sonderont
l'ordre social que nous leur aurons préparé,
ils ne recevront point pour excuse nos préjugés de naissance, nos prédilections de

sang, nos habitudes de familles, nos déli-
catesses d'esprit, nos convenances de position, nos vains regrets, nos molles répugnances ; ils nous demanderont si nous avons
agi en hommes, en hommes intelligens,
prévoyans et libres, ou si nous avons perdu
en stériles récriminations et en impuissantes
douleurs l'époque qui nous a été donnée pour
régénérer l'ordre social et pour sonder la
vérité politique.

Sur ces bases, nous établirons donc ainsi
et en peu de paroles le symbole politique de
l'époque rationnelle où nous entrons. Je me
borne à le poser devant vous ; c'est à vous
de le confronter pour chaque question de
détail avec les trois principes qui doivent le
dominer et l'éclairer ; l'espace borné de cette

lettre ne me permet sur chacun de ces arti-
cles, ni développement, ni discussion, ni
commentaire ; chacun serait un livre ; il ne
faut qu'un mot. Je les reprendrai peut-être
plus tard.

VIII.

La tentative du coup d'état de juillet fut
insensée et coupable. Il y eut erreur dans
l'intention, et violation de la foi jurée dans
l'acte * ; par conséquent ni raison ni morale

* Nous ne parlons ici que du fait jugé par la raison
et la conscience publiques ; comme il est évident que

dans le fait ; la conscience impartiale le juge comme l'évènement l'a jugé : un coup d'é-

la nation avait entendu le serment à la charte d'une manière réelle et absolue, les ordonnances de juillet furent à ses yeux une violation manifeste de la foi jurée ; mais l'article 14, qui ne laisse pas d'ambiguïté devant la raison publique, pouvait en laisser dans la conscience royale , qui l'interprétait sans doute en faveur de sa prérogative. Ainsi le parjure n'aurait pas souillé les lèvres d'un roi, bien que son apparence ait soulevé légitimement l'indignation d'un peuple. La charte avec l'article 14, entendu comme il l'a été par les ordonnances de juillet, eût été un non-sens; mais les termes de l'article 14 sont une ambiguïté qui a pu motiver une erreur de fait, un parjure de bonne foi. Ici donc la conscience politique réprouve, la conscience privée peut excuser ou se taire.

tat n'est moral et juste que quand il est nécessaire, et toutes les fois qu'il est nécessaire il réussit : c'est le premier axiome de
haute politique.

La dynastie a été enveloppée tout entière
dans le châtiment infligé par le fait même ;
la peine politique a frappé plus loin que la
faute. Le feu du courroux populaire a con-
sumé le bois sec et le bois vert ; la résis-
tance, dans son plein droit pendant deux
jours, l'a dépassé le troisième ; là commence
la violation d'un autre droit : le droit dynastique. Son maintien seul eût été moral ;
était-il possible, sous l'émotion même de
l'action, sous le feu de la lutte ? l'histoire
seule le sait et le dira. Nous l'ignorons encore ; quel que soit le jugement porté par

une révolution dans la chaleur du conflit,
dans la partialité de la victoire, il y a toujours deux voix pour protester plus haut
qu'elle; une dans le ciel, la conscience; une
sur la terre, l'histoire; mais il faut le con-
fesser ici avec une douloureuse sincérité, lors-
que deux droits ont été également violés et
renversés dans une lutte privée ou sociale,
la conscience comme l'histoire infligent la
plus forte culpabilité à l'agresseur, et trou-
vent dans la première violation, sinon l'excuse, au moins la raison de la seconde.

Si, dans l'appréciation de ces deux fautes,
nous sommes conduits à balancer le droit
populaire et le droit dynastique, nous trou-
vons qu'ils ne sont qu'un seul et même
droit, le droit du salut du peuple, le droit

4

de la nécessité sociale; l'un dérive primor-
dialement et éternellement de l'autre; si le
peuple le viole, s'il le brise sans une invincible nécessité, il se frappe lui-même, il se
viole lui-même, et lui-même il se punit de
son propre crime; mais l'évènement une
fois accompli, la société doit-elle irrémissible-
ment périr sous les ruines de ses dynasties?
les générations doivent-elles se transmettre
comme un sanglant héritage la vengeance de
ce droit, le redressement de ce tort? les
hommes de raison, de lumière et de conscience doivent-ils s'abstenir, en l'absence de
ce droit, de leur droit plus imprescriptible
à eux, de leurs devoirs de citoyens, d'enfans de la nation, du siècle, de l'humanité?
et se retirer à jamais sous leur tente parce

qu'un chef national aura été substitué à un
autre? Non : là commencerait pour eux
un délit plus grand que celui contre lequel
leur inertie prétendrait protester et sévir.
Leur stérile fidélité à un homme, à un souvenir, à un nom, à un devoir que le fait aurait rendus fictifs, deviendrait une infidélité
plus réelle, et plus coupable à eux-mêmes,
au pays, au peuple, à l'humanité tout entière; pour honorer le passé, ils trahiraient
le présent et l'avenir; les générations leur
demanderaient compte de leur force quelcon-
que, annulée volontairement par eux, dans
l'éternelle lutte sociale, dans la marche progressive des idées et des choses. Quicon-
que ne combat pas dans cette lutte, qui-
conque n'avance pas dans cette route, est

comptable et complice du mal qui triomphe
ou de la société qui s'arrête ; et d'ailleurs si
chacun avait le droit indépendant de la patrie de reconnaître dans les dynasties qui
jonchent l'histoire celle qui lui paraît avoir
le droit primordial à son obéissance, le titre
exclusif à son affection, où en serait le
monde social? Nous reconnaîtrions autant
de souverains qu'il y a de noms dans nos
fastes ; l'un servirait Clovis, l'autre croirait à
Pépin ; l'absurdité des conséquences prouve
l'absurdité du dogme. Le bon sens comme la
morale, comme l'invincible nécessité de
l'existence nationale, nous amènent donc à
conclure que la légitimité, la meilleure des
conventions sociales, n'est cependant qu'une
convention sociale, une salutaire fiction de

droit; quelle n'a le droit que pendant qu'ell.

a le fait ou qu'il y a lutte pour le recouvrer.

que les dynasties qui possèdent le présent

ne possèdent pas l'avenir ; que les race·

royales montent et descendent dans l'éter·

nelle rotation des destinées humaines comme   —

les autres races ; que le pouvoir, expression

et propriété de la société tout entière, ne

s'aliène pas à jamais, ne s'inféode pas à une

famille immortelle, ne se transmet pas sans

terme comme un fief de l'humanité ; que

tout peut périr; que tout peut changer.—

hommes, races, dominations, noms et for-

mes même des gouvernemens et des empires

mais qu'une seule chose ne périt pas, ne

change pas, ne se prescrit pas, le devoi·

pour chaque homme, pour chaque citoyen,

de ne pas se séparer de la patrie, de ne pas
s'annuler pour la nation, de ne pas protester seul contre une nécessité sociale admise
par le fait, car un fait social a aussi sa logique et ses conséquences indépendantes de
son droit ; mais de servir la patrie, la nation,
l'humanité, dans toutes les phases, dans
toutes les conditions de son existence mobile et progressive ; la morale la plus simple
devient encore ici de la politique. Un seul
cas est excepté, celui où la loi divine, où la
conscience serait en opposition avec la loi
humaine : c'est le cas qui fait les héros ou les
martyrs ; hommes plus grands que les citoyens !

Pour nous donc, royalistes constitutionnels, hommes de fidélité et de liberté à la

fois, de morale et de progrès! deux devoirs
sont clairement écrits sous nos yeux: l'un de
conscience, servir le pays et marcher avec
la nation, penser, parler, écrire, agir et
combattre avec elle ; l'autre d'honneur,
qu'une position spéciale, qu'une délicatesse
exceptionnelle peuvent imposer à quelques
uns d'entre nous; rester en dehors de l'action
immédiate et des faveurs du gouvernement,
ne point solliciter ses grâces, ne point nous
parer de ses dons, ne pas briguer sa confiance, ne pas adorer la victoire, ne pas
nous glisser avec la fortune d'un palais dans
un autre, ne pas renier notre premier culte, —
nos affections du berceau, ne pas porter aux
genoux d'une race nouvelle, consacrée même
à nos yeux par la nécessité, des cœurs en-

core chauds de notre dévouement d'hier à
une race que l'exil abrite , et que l'infcr-
tune consacre dans ce palais prophétique
des vicissitudes du trône et des retours de
l'adversité ! le deuil même sied bien aux
douleurs sans espoir. Quoique la morale ne
réprouve pas une conduite contraire, quand
une nécessité politique la motive ; cette conduite, après un dévouement de quinze ans,
après des bienfaits reçus peut-être , ferait
suspecter la vertu même; le passé a ses droits,
l'honneur et la reconnaissance peuvent avoir
leurs scrupules. Il n'y a à cette règle qu'une
seule exception qui la confirme , par sa ra-
reté, par son improbabilité même; c'est le
cas où le prince réclamerait de nous , au
nom du pays, un service qu'aucun autre ne

pourrait lui rendre aussi bien que nous;
dans ce cas, l'honneur, sentiment tout personnel, devrait céder au patriotisme, sentiment social, et par conséquent au-dessus
du premier. Quelquefois, dans les chances
incalculables des révolutions, le prince lui-
même peut se trouver le premier dans cette
redoutable exception; roi par le fait de sa
nécessité, innocent de son élévation, mal-
heureux peut-être de sa propre grandeur!

IX.

La forme des gouvernemens modernes
n'est plus soumise à la discussion, tous l'ad-
mettent ou tous y tendent; elle est donnée
pour nous par le fait même de notre civilisation : c'est la forme libre, c'est le gouvernement critique de la discussion, du con-

sentement commun; c'est la république,
comme nous l'avons vu plus haut, mais la
république mixte, à plusieurs corps, à une
seule tête, république à sa base, monarchie
à son sommet. Le besoin d'unité d'action et
d'une force régulatrice plus rapide et plus
intense dans les vastes états modernes, la
nécessité d'éviter les commotions fréquentes
que la conquête du pouvoir suprême pro-
duirait dans l'État, a fait consacrer, pour
long-temps encore, ce pouvoir représentatif,
cette royauté fictive et conventionnelle dans
un chef héréditaire. Qu'on le nomme prési-
dent ou roi, peu importe ; il n'est plus mo-
narque, il n'a plus le pouvoir d'un seul, le
pouvoir personnel; il a mieux, il a le pouvoir social résumé en lui ; il est organe et

agent; il n'est plus, il ne peut plus être source et principe de l'autorité. Ses droits sur nous, nos devoirs envers lui changent ainsi de nature et de titres ; nous n'adorons plus le pouvoir comme sacré et divin, nous le discutons comme logique, nous le respectons comme loi !

Cette forme acceptée, et il faut l'accepter ou sortir du monde, ou rétrograder dans les siècles, ou se révolter contre la civilisation même, et maudire son propre droit pour se réfugier dans le droit d'autrui, dans la servitude ! cette forme donc acceptée, tout ce qui tendra à la perfectionner et à l'étendre, tout ce qui sera plus conforme à sa nature de liberté, de discussion, de consentement commun, d'élection, d'égalité de droit so-

cial et privé, sera la vérité politique. C'est là
qu'il faudra marcher avec confiance et courage, sûrs que plus nous aurons conquis de
conséquences d'un principe juste et vrai,
plus ces conséquences en produiront d'autres, et plus ces vérités sociales fécondes
porteront de fruits pour l'humanité.

Appliquez cette règle intellectuelle aux
questions flagrantes du jour, et confrontez!

La pairie ou le pouvoir aristocratique héréditaire; triple impossibilité de cette époque; impossible à trouver, car le temps et
le travail des siècles en ont miné, dispersé,
moulu, nivelé les élémens; impossible à
faire accepter aux mœurs, car l'esprit humain, comme le globe matériel, tend par
une loi évidente de sa nature, au nivelle-

ment, c'est-à-dire à l'égale répartition des
droits et des devoirs politiques; impossible
à justifier devant la raison, car c'est une ex-
clusion dans une forme de liberté, un privilége gratuit dans un siècle d'égalité, une con-
stitution du pouvoir social dans quelques
familles au profit de quelques uns, au détri-
ment de tous, et au mépris de la nature et
du droit divin de l'humanité, qui en don-
nent à tous le droit et la capacité successive;
jugée par la justice et la morale, qui veulent
étendre au lieu de restreindre l'usage de ce
qui appartient à tous les hommes, le droit
et le devoir; jugée par la raison, puisque ce
serait une impossibilité constituée, une créa-
tion sans élémens; jugée par la conscience,
puisque ce serait ravir à tous ce que tous

peuvent posséder et exercer, pour en inves-
tir un petit nombre! tyrannie posthume,
qui ne pourrait ni servir, ni nuire; qui ne
pourrait se défendre elle-même dix ans devant la critique corrosive et rationnelle de la
presse, ce jury nouveau de l'humanité, et
qui ne se relèverait un moment de la poussière aride des siècles que pour effrayer le
présent d'une ombre sans corps, et servir de
risée à l'avenir.

Ne voyez ici qu'une longue et profonde
conviction de l'impossibilité de trouver ou
de créer une pairie héréditaire, une aristocratie réelle, une noblesse de droit; quant à
une aristocratie de fait, réelle, mais mobile,
comme la puissance, le mérite ou la vertu
qui la produisent; quant à cette noblesse

que Dieu écrit sur le front des descendans
d'un grand homme, ou d'un bienfaiteur des
hommes, et que les générations y lisent malgré elles, tant que cette noblesse ne s'y efface pas elle-même; je la reconnais et je la
respecte. Ce n'est pas l'homme qui a fait
celle-là, c'est la nature; elle a sa raison dans
la raison humaine, car nous sommes en réalité une partie, une émanation, une conti-
nuation de nos ancêtres; elle a aussi indé-
pendamment de toutes les lois politiques son
influence et son empire. Le nom d'un homme
vertueux ou illustre, porté par ses descendans, conservé à sa famille, n'est-il pas aussi
un privilége, me direz-vous? — Oui, sans
doute, et le plus indélébile et le plus incontestable des priviléges. — Pourquoi donc le

respectez-vous? —Parce qu'il est un privilége de la nature et non pas de l'homme; parce qu'il n'est exclusif de personne; parce qu'il peut successivement, ou à la fois, appartenir à tous! Soyez grands, vertueux, illustres, et vos fils seront respectés et influens! Ils porteront le sceau de cette vertu, de cette illustration que vous leur avez léguée; ils seront nobles de cette noblesse, qui n'est pas un droit, mais qui est un fait; estime, admiration, reconnaissance.

La presse? Nécessairement libre, car elle est la voix de tous, dans un âge et dans une forme sociale où tous ont droit d'être entendus; elle est la parole même de la société moderne; son silence serait la mort de la liberté! Toute tyrannie qui méditera le meur-

tre d'une idée, commencera par bâillonner
la presse ; tous nos partis politiques ont
triomphé par elle, et sont tombés par elle,
après s'être retournés contre elle ; tous l'accusent, et tous ont motif de s'en plaindre,
car nul de ces partis n'a pris le seul moyen
de la braver et de la vaincre, celui d'avoir
toujours raison. La presse, après mille vicissitudes, après avoir passé comme une arme,
tantôt meurtrière, tantôt défensive, des vainqueurs aux vaincus, des oppresseurs aux
opprimés, finira par rendre toute déception
impossible, toute tyrannie d'un seul, ou de
la multitude, impraticable dans le monde, et
fondera ce que nous entrevoyons déjà dans
le lointain, l'ère rationnelle, ou le gouvernement de la raison publique. Que les vain-

queurs l'accusent et la proscrivent; que les
vaincus la bénissent et la réchauffent, c'est
leur rôle aux uns et aux autres; car elle est
la justice divine, manifestée par la parole humaine! Elle écrit sans cesse de son doigt in-
visible ces trois mots, qui font pâlir toutes
les iniquités, toutes les tyrannies, au milieu
de leur gloire et de leurs satellites, sur les
murailles de tous les Balthazars!

L'enseignement? Libre et large, répandu,
multiplié, prodigué partout; gratuit surtout,
quoi qu'en disent les économistes, ces maté-
rialistes de la politique; celui qui donne une
vérité à l'esprit du peuple fait une aumône
éternelle aux générations à venir; la civilisation n'est que de la lumière descendant des
hauteurs dans les vallées, des sommités dans

les masses; un gouvernement de discussion,
de critique, d'élection, présuppose l'instruc-
tion et la nécessite; si donc la liberté est un
bien et si vous voulez rendre l'homme capable de liberté, qu'il soit instruit; qu'il soit
instruit, non pas comme vous voulez qu'il
le soit, vous, pouvoir systématique, borné,
intolérant, arriéré souvent de votre époque!
mais comme il veut l'être, comme il a besoin
ou nécessité de l'être! ne fermez point, n'al-
térez point les sources où les générations
vont s'abreuver! laissez chacun boire à ses
eaux, et à sa soif. Toute restriction à la liberté d'enseignement, hors celles de simple
police, est un attentat à la liberté morale du
genre humain dans un pays libre; un crime
envers la vérité progressive qui se manifeste

comme elle veut, quand elle veut, à son jour, à son heure, dans sa forme, dans sa langue, par ses organes et non par les vôtres. Si l'enseignement eût été libre avant cette époque du monde, le monde posséderait un trésor de vérité et de science, qui aurait augmenté en proportion égale son trésor de bonheur et de vertu; car toute vérité féconde une vertu de ses rayons! Le verbe divin lui-même, la vérité chrétienne, la plus sociale de toutes les vérités, n'a été enseignée que malgré les hommes, dans les catacombes, sur les croix ou sur les bûchers; s'il eût été libre, cet enseignement sublime eût parcouru en quelques siècles la terre qu'il n'a pas encore traversée en deux mille ans!

La séparation de l'Église et de l'État? Heureuse et incontestable nécessité d'une époque où le pouvoir appartient à tous et non à quelques uns; incontestable, car sous un gouvernement universel et libre, un culte ne peut être exclusif et privilégié; heureuse, car la religion n'a de force et de vertu que dans la conscience; elle n'est belle, elle n'est pure, elle n'est sainte qu'entre l'homme et son Dieu : il ne faut rien entre la foi et le prêtre, entre le prêtre et le fidèle; si l'État s'interpose entre l'homme et ce rayon divin qu'il ne doit chercher qu'au ciel, il l'obscurcit ou il l'altère; la religion devient alors pour l'homme quelque chose de palpable et de matériel, qu'on lui jette ou qu'on lui retire, au caprice de toutes les tyrannies; elle participe de l'amour ou de la haine que

le pouvoir humain inspire, elle varie ou
tombe avec lui; c'est le feu sacré de l'autel,
alimenté avec les corruptions des cours et les
immondices des places publiques; c'est la
parole de vie dans une bouche morte; c'est
le trafic dans le temple! Ce système fait des
hypocrites quand l'État est chrétien, des in
crédules quand il est sceptique, des athées
ou des martyrs quand il est persécuteur.
Mais c'est assez sur ce sujet. Une voix sortie
du sanctuaire, une voix qui a la double autorité du sacerdoce et du génie, profère tous
les jours parmi nous ce symbole des hommes
de foi et d'avenir. M. de La Mennais a fondé
son journal sur cette idée; il a assez de confiance dans la vérité pour la mettre face à
face avec la liberté; il croit que Dieu, qui

nous a donné l'une et l'autre, fera grandir et
triompher l'une par l'autre. On murmure
contre quelques vérités amères que l'illustre
écrivain a jetées sans préparation à son parti
et à son siècle : l'exagération et la rudesse ne
sont jamais justifiées par la vérité qui n'est
que mesure et qu'amour; mais cet âge veut
une parole forte et dure; on n'implante pas
— l'arbre qui doit ombrager les siècles, sans
- fendre le sol avec le fer! on ne greffe pas le
rameau sans déchirer l'écorce!

L'élection? Il n'y a de vérité dans le pouvoir social moderne ou représentatif qu'autant qu'il y a vérité dans l'élection; et il n'y
a de vérité dans l'élection qu'autant qu'elle
est universelle. Cependant, si vous donnez
l'élection à des classes qui ne la compren-

nent pas, ou qui ne peuvent l'exercer avec
indépendance, vous la donnez fictive; c'est-
à-dire vous la refusez réellement. Plusieurs
opinions parties de points opposés, et vou-
lant atteindre un but contraire, réclament
de concert l'élection universelle; l'un des
deux partis se trompe assurément, car tous
les deux, en demandant le même moyen,
ne veulent certes pas le même résultat. Y
a-t-il lumière? y a-t-il bonne foi dans l'une
et l'autre de ces opinions? Nécessairement
l'une ou l'autre s'égare.

Ceci est la plus grave question de l'organisation à la fois libre et vitale que doit
fonder ce siècle. Nous la résoudrons ainsi :
élection universelle pour être vraie, élection
proportionnelle pour être juste. Nous avons

vu plus haut qu'une pairie héréditaire ou une aristocratie modératrice n'existe pas et ne peut exister sur le sol nivelé de l'époque et du pays ; nous avons été plus loin, nous avons prouvé qu'elle ne devait exister ni en logique ni en morale. La société, toutefois, a en effet des intérêts conservateurs qu'on a cherché toujours à constituer ou à constater dans une seconde chambre. Quand les élémens de cette seconde chambre existent, c'est bien ; mais aujourd'hui, mais en France, où ces élémens sont dissous, vous êtes invinciblement con- duits à une seule représentation nationale , puisqu'un pouvoir politique doit être une vé- rité, et ne peut représenter et constater que ce qui est. Que vous la fassiez parler à deux tribunes ou à une seule , peu importe ; votre

représentation nationale , nécessairement
une, devra représenter tout à la fois le mouvement et la stabilité sociale ; la haute , la
moyenne et la petite propriété ; l'intérèt
d'action et l'intérèt de repos : elle doit les
représenter dans leur réalité, dans leur proportion, dans leur combinaison sincères. Il
n'y a, pour atteindre cette rigoureuse vérité,
cette rigoureuse justice, qu'un moyen, l'é-
lection proportionnelle. Tant que vous n'ar-
riverez pas à cette réalisation facile, la France
ne marchera ni ne se reposera : elle s'agitera
sans avancer, elle tombera , elle se relèvera
pour tomber encore. L'élection proportionnelle et universelle, c'est-à-dire une élection
qui , partant des degrés les plus inférieurs
du droit de cité et de la propriété , seul

moyen de constater l'existence, le droit et l'intérêt du citoyen, s'élèvera jusqu'aux plus élevés, et fera donner à chacun l'expression réelle de son importance politique réelle par un vote, dans la mesure vraie et dans la proportion exacte de son existence sociale. Vérité parfaite, justice rigoureuse, démocratie complète et cependant aristocratie de fait reconnue aussi : l'élection à plusieurs degrés résout seule ce problème. Toutes les unités politiques y ont leur élection, s'élevant, s'épurant, s'éclairant successivement jusqu'à l'élection suprême, produit exact des forces, des lumières et des intérêts du pays et du temps. Il n'y a qu'une objection à ce système : le pays d'aujourd'hui y répugne parce qu'il en a fait une fois une ridicule épreuve, et aussi, disons-le, parce qu'il n'aime pas assez la vérité politique. Mais qu'est-ce qu'une répugnance face à face avec une vérité? L'une tombe et s'efface, l'autre grandit et survit; nous en viendrons là.

Le pouvoir? C'est le fond de toute question sociale. Une fois les principes admis et le pouvoir trouvé, la forme sociale s'organise, elle vit, elle marche, elle dure. Retrouver le pouvoir dans les débris d'une convulsion politique qui en a tant créé et tant détruit depuis un demi-siècle; devant une force nouvelle, immense, incalculable, sans cesse jeune, sans cesse agissante, la presse; devant des opinions divergentes, fougueuses, ombrageuses, irritées, souvent iniques, demandant justice et force, et refusant respect

et concours ; devant les haines d'un parti qui
ne veut aucun pouvoir, et les jalousies de
deux autres partis qui ne le veulent qu'à
condition de leur appartenir tout entier ;
prendre racine sans sol , au vent de tous les
orages : insoluble problème !

Le pouvoir actuel , avec les apparences
de l'usurpation , n'est cependant pas né de
lui-même , mais de la faute et de la cala-
mité d'autrui ; on n'usurpe pas tout ce
qu'on remplace. Sorti comme une dictature
nécessaire plus contre l'insurrection que par
elle, forteresse improvisée entre la république et le despotisme, entre la guerre
civile et l'anarchie , entre le choc inévitable,
sans lui , de l'Europe menaçante et de la
France débordée ; il semble avoir en soi

toutes les conditions d'une longue dictature
plutôt que les conditions d'une existence
propre et définitive; instantanéité, nécessité, force empruntée et conventionnelle,
abri commun dans la tempête, terrain neu-
tre où tous les partis se rencontrent, mais où
nul ne s'établit que sous condition. Puisque
la dictature est sa nature, il n'a qu'un moyen
de vivre, d'agir, de se mouvoir, c'est comme
dictature, autrement il est condamné à la tyrannie ou à l'inaction; la tyrannie lui répugne, et l'inaction c'est la mort. Fléchissant,
s'il ne s'appuie que sur lui-même, il tombe;
boiteux, s'il ne s'appuie que sur un parti, il
ne peut marcher; sa mission fut de fonder
et d'organiser un gouvernement libre, et il
ne peut être gouvernement libre s'il n'ap-

partient pas également à tous les partis, s'il
se fait l'organe et l'agent de la tyrannie de
l'un sur l'autre ; forcé donc de se faire sanc-
tionner par la raison de tous, de se légiti-
mer, au moins temporairement pour tous,
par la loi même qui l'a créé, par la nécessité
de son existence dictatoriale, par la largeur
et la sincérité des institutions futures aux-
quelles il est appelé à présider, par la confiance et la reconnaissance qu'il doit savoir
inspirer à la nation ; il doit tous les jours,
à toute heure, se remettre généreusement
en question lui-même ; nul alors ne lui re-
fusera de la force, nul ne lui disputera le
temps ; il a des années devant lui ; la question de dynastie et de personne n'est rien
devant l'avenir, devant l'immense question

sociale! et quand son œuvre sera accomplie,
quand les opinions et les faits auront pro-
noncé le jugement de Dieu, soit qu'il s'éta-
blisse pour des siècles, soit qu'il s'efface et
se retire lui-même devant une autre nécessité
morale, sa part sera grande encore dans la
postérité; type de l'ordre rationnel, dictature du siècle, s'il ne lègue pas un trône à
une famille, il aura donné son nom aux
institutions de l'époque moderne; fonder
une ère de liberté et de justice, organiser
un principe social nouveau, est plus beau
aux yeux de l'avenir que d'hériter d'un trône
et de fonder une dynastie!

Gouvernement? Il n'a compris pleinement
jusqu'ici ni sa base, ni sa mission, ni sa
route. Trois ministères se sont succédé; le

premier n'a vu dans la catastrophe de juillet
qu'un accident dynastique, auquel l'esprit
progressif de l'époque ne prendrait pas garde;
il a cru qu'il n'y verrait que des hommes à
changer, des chiffres à effacer, des écussons
à refondre. Des hommes de mérite, de talent
et de lumière pendant quinze ans d'opposition ont été pris au dépourvu par ce grand
jour; leur système tout fait n'allait plus à la
taille du siècle; ils ont grandi depuis leur
chute par de l'éloquence et de l'énergie. Le
second a cherché la force dans la popularité,
bête féroce qui ne vous caresse que tant que
vous avez des hommes ou des principes à
lui jeter : ce ministère est tombé d'impuissance devant cette popularité qui commen-
çait à rugir : il eut un généreux mouvement

contre elle le jour du procès des ministres
de Charles X ; il offrit sa vie pour la leur.
Ce jour l'honore comme il honore la
France.

Le troisième a merveilleusement compris
la crise européenne, la question étrangère ;
en faisant respecter les traités, qui sont la
morale écrite des nations, il a prévenu la
guerre universelle; pour qui connaît l'état
actuel de l'Europe, la guerre universelle est
le cataclysme final européen. Celui qui la
jettera des plis de son manteau assumera la
responsabilité d'un siècle de chaos, de meur-
tres, de sang et de servitude; il fera ce que
feraient la Belgique et la Hollande si elles
renversaient leurs digues et ouvraient passage
à leur Océan : nationalités et individus, li-

bertés et principes, amis et ennemis, tout serait englouti.

Or, il n'y avait point nécessité suffisante de se précipiter dans ces terribles hasards ; la Belgique a été constituée plus pour nous que contre nous ; c'est une frontière de l'Europe démantelée et affaiblie de moitié ; quant à la Pologne, sublime résurrection d'une nationalité qui ne peut s'éteindre, tardive mais héroïque protestation d'un droit sacrifié par l'Europe, la France, complice honteuse de son partage à une autre époque, la France qui n'a point de dépouilles, mais seulement du sang à lui rendre, avait sans doute le droit de reconnaître le fait de sa résurrection, car il est toujours permis de revivre, car la date d'un crime politique ne

constitue pas un droit contre la victime, car
il n'y a pas de prescription contre un peuple
qui veut et qui peut sortir de son sépulcre;
mais si la France avait ce droit de reconnaissance et de secours, elle avait aussi le droit
et le devoir de choisir son heure! Sa sympathie nationale pour l'héroïsme polonais
n'imposait pas à son gouvernement la nécessité peut-être inopportune de la précipiter en
aveugle dans les chances d'une collision universelle; les gouvernemens sont les tuteurs
des peuples, les tuteurs de l'Europe; ils
peuvent, en cette qualité, avoir à résister
même aux plus généreuses des passions
l'enthousiasme et la pitié, tout en les parta-
geant comme hommes. L'heure choisie par la
Pologne convenait-elle à la France à peine

réorganisée? à son gouvernement tremblant
de se mouvoir sur une base non affermie?
La question est là ; nous ne pouvons la résou-
dre ; le gouvernement a seul les élémens de
sa détermination, comme seul il en suppor-
tera la responsabilité future. Le droit est une
grande force ; l'admiration et la pitié sont de
puissans auxiliaires ; les guerres de sentiment sont les plus belles et les plus héroï-
ques; témoin les croisades, la Vendée et
l'Espagne. On a vu des peuples renaître d'une
sympathie moins vive et de moins coura-
geuses imprudences ; mais en se plaçant
dans le point de vue de juillet, et dans l'hy-
pothèse de son gouvernement actuel, la Pologne a peut-être mal choisi son jour; un an
plus tôt, trois ans plus tard, elle était secou-

rue par l'Europe, et triomphant. Les mas-
sacres de Varsovie et l'assassinat des géné-
raux trahissent dans cette révolution même
cette main hideuse de la démagogie aveugle
et sanguinaire qui souille tout ce qu'elle
touche : du jour où le crime se montre dans
une cause populaire, cette cause périt ; ce
génie infernal, ce Méphistophélès de la liberté déshonore l'héroïsme, et décourage de
la liberté même.

Le ministère actuel a mis en scène un
beau caractère, un homme de cœur, de
conscience, de talent ; un homme qui sait
braver la tempête, et tenir ferme à un principe ; mais il choisit les siens au hasard.
La question étrangère, si bien saisie par lui,
montre qu'il sait voir ce qui est palpable..

ce qui est sous ses yeux ; la question inté-
rieure, la question aristocratique surtout,
si mal analysée, si mal engagée, montre
qu'il n'a pas assez d'horizon dans l'esprit.
On le plaint, mais on l'honore, et l'on re-
grette qu'un si beau courage, et une si
ferme conviction ne combattent pas à un
plus grand jour.

La législation ? La législation criminelle
surtout, à refaire en entier, non plus sur le
principe des codes païens, principe de vengeance et de talion ; mais sur la base évangélique, sur le principe chrétien ; esprit de
justice, mais de douceur, de charité, d'in-
dulgence, de repentir, d'épuration, et non
de vengeance et de mort ; la peine de mort
surtout à effacer. Je ne pense point avec

ceux qui la veulent bannir de nos codes,
que la société n'a pas le droit de mort parce
qu'elle ne peut rendre la vie; l'existence de
la société étant nécessaire, la société a tous
les droits nécessaires à son existence; mais
cette loi brutale du talion, juste quand la
société était faible et imparfaitement constituée, quand il lui fallait une vengeance
prompte, évidente, instantanée, a survécu à
sa nécessité; non seulement elle ne me semble plus nécessaire, mais elle nuit à la société moderne; elle ne rend pas moins fré-
quens, mais elle rend plus féroces le crime
et le criminel; une législation sanglante en-
sanglante les mœurs; une législation douce
les tempère et les adoucit. La peur n'est pas
une vertu. La législation chrétienne veut des

vertus, et laisse la terreur au crime; ayons
le courage au moins de tenter cette suppres-
sion du sang dans nos lois, et de porter
même imprudemment ce sublime et généreux défi à la Providence, à l'humanité,
à l'avenir!

Mais, me direz-vous ici, quel sera le frein
de votre logique? dans quelle proportion,
dans quelle mesure le législateur, peuple lui-
même, jettera-t-il à la génération les libertés
et les institutions dont vous venez d'admettre
la nécessité ou la convenance? Où s'arrête-
ront vos droits ou vos libertés de famille, de
commune, de province, de nation? elles s'ar-
rêteront où la raison et la conscience publiques en montreront l'abus ou l'excès; elles
s'étendront dans la proportion et la mesure

des mœurs du pays et du temps ; la raison et
la conscience publiques ne peuvent long-
temps s'y tromper ; elles n'ont qu'à les confronter avec les mœurs. Les mœurs, en
effet, sont la seule base, l'indispensable
condition des lois ; une proportion rigoureuse
est nécessaire entre les unes et les autres ;
dès que cette proportion est violée, dès que
cette harmonie manque, la législation naît
morte ; elle ne porte aucuns fruits, ou elle en
porte de funestes. Ce contre-sens, cet anta-
gonisme des lois et des mœurs, de la sévérité
de Sparte et de la mollesse de Sybaris, tue
un peuple. L'examen, la raison, l'expérience
et la conscience ont ici à prononcer de
bonne foi sur ce qui est immédiatement
possible parmi nous, ou ce qui ne peut être

atteint qu'à l'aide de l'habitude, des progrès
et du temps ; la presse et la parole libres
sont là à leur place, portant sans cesse toutes
ces questions devant le grand jury national,
devant l'opinion qui prononce, mais non sans
appel dans un régime de majorité. Quand une
liberté de plus sera mûre, elle tombera nécessairement de l'arbre au souffle de ce vent
populaire, sur un sol préparé à le rece-
voir.

Ici vous serez étonné peut-être de ne pas
m'entendre flétrir davantage ce qu'on appelle
centralisation, cet abus banal contre lequel
tous les partis s'élèvent de concert, parce que
tous cherchent à détruire, et aucun à fonder ;
de ne pas me voir disloquer à mon tour
quelque membre de l'unité nationale ; Dieu

et le sens commun me préservent d'acheter
de la popularité à tel prix! Demander la liberté politique, délibérative et élective pour
toutes les opinions, pour tous les intérêts,
pour toutes les localités, c'est détruire en
effet ce qui doit être détruit, la centralisation
politique, l'influence oppressive d'une capitale, d'un parti, d'une classe, d'un homme;
le monopole de la liberté, le despotisme
enfin; c'est là la juste tendance d'un esprit
libre et éclairé; c'est là l'œuvre du jour et
du siècle; mais détruire la centralisation administrative et exécutive, refouler la vie et la
pensée dans les membres au lieu de la placer
forte et pleine dans la tête de l'État, briser
les liens nécessaires du *pouvoir* et de l'*action*,
refaire de la France si *forte* parce qu'elle est

une, une fédération provinciale, faible, boi-
teuse, disjointe et vacillante, après que le
temps et le génie de la civilisation se sont
épuisés à faire de ces parties incohérentes
une grande et vigoureuse unité nationale,
c'est le vœu de la folie, ou c'est le cri du
désespoir.

La centralisation administrative, méditée
par tous nos hommes d'état de la monarchie,
opérée enfin par l'assemblée constituante, est
le seul monument que la révolution ait fondé
avec tous les débris qu'elle a faits! Cette in-
tensité de force dans cette uniformité d'action qui fait que la pensée sociale, une fois
librement conçue et devenue loi, s'exécute à
l'instant même avec célérité, régularité, con-
trôle et uniformité, dans toutes les sphères de

l'administration d'un vaste état, c'est l'unité de ces grands corps qu'on nomme nations! Si vous la détruisez, ils périssent, ou cette unité se reconstruira malgré vous, car elle est leur vie, et la dissolution de cette unité ou de cette centralisation, c'est la mort!

Que l'âme du corps social, c'est-à-dire la pensée et l'action politiques soient donc libres, expansives, constatées, parlant et agissant partout, qu'elles ne soient plus enchaînées comme elles l'ont été jusqu'ici, au caprice d'une bureaucratie tyrannique, au délire d'une capitale ameutée, jouet d'un tribun ou d'une faction; qu'elles aient leur force et leur point d'appui en elles-mêmes et sur elles-mêmes, sur les forces, les intérêts, les opinions de familles, de communes

et de province! mais que l'administration
nationale soit une! une dans sa forme, une
dans son action! que tous les ressorts de la
machine gouvernementale aboutissent à un
seul centre, d'où ils reçoivent l'impulsion,
la force et la régularité! La force relative des
nations est tout entière dans le perfectionnement de ce système d'unité ou de centralisation; le premier devoir des nations, c'est
de vivre, c'est de rester indépendantes; et
pour rester indépendantes, elles n'ont qu'un
moyen, être fortes; centraliser l'action administrative, ce n'est donc pas progrès,
c'est déclin.

X.

CONCLUSION ET CONJECTURES.

Voilà, monsieur, les principaux délinéa-
mens de la route politique où je voudrais
voir marcher nos amis et nos ennemis, où je
voudrais que la presse et la parole, le pouvoir et les chambres guidassent la France et
l'Europe; c'est la seule route qui n'ait pas un

7

abîme à son terme, et qui conduise à un
avenir. Vous le savez; avant la catastrophe
qui a affligé nos cœurs sans avoir étonné nos
prévisions, car nous la pressentions prompte,
certaine, inévitable, au bout de la voie
fausse, étroite, rétrograde, où l'aveuglement
et l'erreur poussaient ceux que nous aimions
à avoir pour guides, et que nous suivions
comme le soldat doit suivre son chef, jusqu'à
la mort, mais non jusqu'au suicide, c'étaient
là nos pensées et nos paroles; hélas ! pensées
et paroles stériles que le souffle de l'adula-
tion ou de l'intrigue ne laissait pas arriver
jusqu'à l'oreille des rois, que le vent des
passions populaires emportera peut-être de
même aujourd'hui ! N'importe : elles tom-
beront sèches et froides sur le sable ou sur

le rocher ; mais elles n'y mourront pas pour
toujours ; un idée vraie , une idée sociale
descendue du ciel sur l'humanité n'y retourne
jamais à vide ; une fois qu'elle a germé dans
quelques cœurs droits, dans quelques esprits logiques et sains, elle porte en soi
quelque chose de vital, de divin, d'immortel, qui ne périt plus tout entier ; les passions, les vils intérêts, l'ignorance, l'habitude, les préjugés, la haine peuvent l'écraser
sous leurs pieds, peuvent la mutiler sous le
sabre ou sous la hache ; ses fruits sont retar-
dés d'un jour, d'un siècle ou deux peut-être ;
la Providence a la main pleine de siècles, et
ne les compte pas dans son œuvre ; mais, au
siècle marqué, mais au jour fatal, et peut-
être y sommes-nous ! l'idée vivace dont la

7.

semence a été répandue et multipliée par les
orages même, éclot dans tous les esprits à la
fois ; tous les partis la revendiquent comme
leur ; toutes les opinions l'avouent comme le
fond de leur pensée commune; prévu ou
imprévu, un évènement arrive, un accident
peut-être, et le monde est renouvelé. L'idée
de liberté a tous ces caractères ; si la France
voulait, si le pouvoir savait, ce grand fait de
rénovation sociale s'opérerait sous nos yeux :
rien ne s'y oppose, rien ne résiste dans les
choses comme dans les esprits ; l'heure a
sonné.

Mais la France veut-elle? mais le pouvoir
sait-il? Oui, la France voudrait, mais elle
veut faiblement; ses longues convulsions,
son repos de quinze ans, sa position fausse

sur un droit méconnu et sur un droit con-
testé, sa peur des nouveautés, sa lassitude
des expériences, sa défiance de l'erreur, de
la vérité même, son industrialisme, culte
amollissant de l'or, son engouement prompt
son dégoût rapide, ses éblouissemens de
gloire militaire, sa secrète faveur pour un
despotisme qui la flatte avec des conquêtes,
qui l'étourdit avec des tambours, l'esprit de
faction, de haine, de dénigrement mutuel
qui use ses forces contre soi-même, et surtout, disons-le, son peu de foi dans la haute
morale, l'affaiblissement du sentiment religieux, sentiment qui vivifie tous les
autres, héroïsme de la conscience, sans lequel l'humanité n'a pas assez de foi en elle-
même, ne comprend pas assez sa propre

dignité, ne place pas son but assez haut,
n'a pas assez la confiance et le désir de l'atteindre ! tout cela a altéré en nous le principe des grandes choses, le mobile des réso-
lutions généreuses et fortes, la base morale
de toute institution libre, la vertu politique.
C'est la vertu politique qui nous manque,
et c'est ce qui me fait douter de nous et
trembler sur nous ! La vertu politique ? je
sais que la liberté la produit en l'exerçant,
mais il en faut déjà pour supporter la liberté ;
quand Rome ne comptait plus qu'un Caton,
César n'était pas loin.

Mais le pouvoir sait-il ? Non, s'il continue
à chercher sa base dans un élément qui
manque dès aujourd'hui, qui manquera plus
encore dans l'avenir, l'aristocratie ; dans la

restriction et non dans l'expansion du droit
et de l'action politique; s'il continue à res-
serrer la main au lieu de l'ouvrir tout entière, s'il veut régner et non guider, s'il veut
dresser sa tente d'un jour et forcer l'esprit
social à une halte précaire dans le défilé où le
dix-neuvième siècle est arrivé, et où il étouf-
fera, s'il ne le traverse pas avec un pouvoir
hardi en tête de ses générations. Ainsi peut-
être manque-t-il à la fois à cette époque deux
choses sans lesquelles toute théorie tombe,
toute espérance s'évanouit : un pays et un
homme.

Faute d'un homme, d'un homme politique, d'un homme complet dans l'intelligence et la vertu, d'un homme, résumé
sublime et vivant d'un siècle, fort de la force

de sa conviction et de celle de son époque,
Bonaparte de la parole, ayant l'instinct de
la vie sociale et l'éclair de la tribune, comme
le héros avait celui de la mort et du champ
de bataille; palpitant de foi dans l'avenir,
Christophe Colomb de la liberté, capable
d'entrevoir l'autre monde politique, de nous
convaincre de son existence, et de nous y
conduire par la persuasion de son éloquence
et la domination de son génie; faute de cet
homme, l'anarchie peut être là, vile, hideuse,
rétrograde, démagogique, sanglante, mais
impuissante et courte; car l'anarchie même
suppose de la force. Le crime a aussi son parti
en France, l'échafaud a aussi ses apôtres;
mais le crime ne peut jamais être un élément
politique; le crime est la plus anti-sociale des

choses humaines, puisque la société n'est et
ne peut être que de la morale et de la vertu;
ce parti est hors la loi du pays et de la civilisation; il est à la politique ce que les brigands
sont à la société, ils tuent, mais ils ne comp-
tent pas. La société n'a ni besoin ni appétit
de sang; elle n'a pas même à combattre,
elle n'a rien à renverser devant elle; tout est
nivelé sous ses pas; cette admiration imita-
trice pour les hommes et les œuvres de la
terreur n'est que du sophisme qui accom-
pagne quelquefois le bourreau, comme il le
précède toujours; c'est un arrière-goût du
sang versé et bu dans notre époque de honte
que quelques insensés prennent encore pour
de la soif, et qui n'est que le rêve du
tigre.

Faute de vertu politique dans le pays,
au premier tremblement du pouvoir, à la
première bourrasque sur la mer tempêtueuse
de la liberté, une clameur générale s'élèvera : Retournons en arrière, perdons plutôt
tout l'espace déjà parcouru, plions les voi-
les, regagnons le passé, le port le plus précaire sera bon. Le plus obscur, le plus igno-
rant soldat, prendra le chapeau étriqué et
la redingote grise, se croira un Bonaparte,
sabrera la civilisation et la liberté des bran-
ches à la racine, et dira : Mon peuple, jusqu'à ce qu'on s'aperçoive que le héros n'est
qu'un paillasse, et qu'on en cherche un autre qui porte moins mal la tyrannie et qui
pare mieux la servitude ! Ce peuple libre
n'aime pas assez la liberté ; il croit toujours

voir le temple de la gloire avec un héros sur le seuil ouvert pour le recueillir et le venger d'une nouvelle anarchie; il se trompe, le héros n'est plus, et la liberté est son seul asile.

Cherchons donc la vertu politique, cherchons-la pour nous et pour les autres, ce temps se chargera de l'exercer; cherchons-la où elle est, dans une conviction forte, dans une foi sincère à la destinée progressive de l'humanité, dans un religieux respect pour notre dignité d'homme, dans une contemplation sévère du but divin que Dieu a placé devant la société comme devant la vie individuelle ; ce but, c'est lui-même , c'est le perfectionnement de l'individu et le perfectionnement de l'être générique, l'humanité, qui doit rapprocher de Dieu l'homme vertueux et la société elle-même.

Cette pensée divine, appliquée enfin à la politique, fermente déjà dans la jeune génération qui nous presse ; c'est dans cette génération, jeune, forte, morale, religieuse, qu'est tout l'espoir de l'avenir. Le saint-simonisme lui-même est un heureux symptôme : hardi plagiat qui sort de l'Évangile, et qui doit y revenir, il a déjà arraché quelques esprits enthousiastes aux viles doctrines du matérialisme industriel et politique, pour leur ouvrir l'horizon indéfini du perfectionnement moral et du spiritualisme social ; c'est là en effet le terme à atteindre, mais par la route que le Christ a tracée, que sa doctrine progressive éclaire à mesure que l'homme avance, mais sur le terrain réel et solide de l'humanité, sur le respect de tous les droits, sur l'accomplissement de tous les devoirs, sur la réforme et non sur la destruction de la seule base que Dieu ait donnée jusqu'ici à la famille et à la société, la propriété. Peut-être l'humanité découvrira-t-elle un jour un autre principe social : on ne peut rien nier, rien affirmer de l'inconnu. L'horizon de l'humanité recule et se renouvelle à proportion des pas qu'elle a faits; le Verbe divin sait seul où il veut nous conduire; l'évangile est plein de promesses sociales et encore obscures; il se déroule avec les temps, mais il ne découvre à chaque époque que la partie de la route qu'elle doit atteindre. Le saint-simonisme

trace une route parallèle, mais sur les nua-
ges ; c'est une religion moins un Dieu, c'est
le christianisme moins la foi qui en est la
vie, c'est l'évangile moins la raison et la con-
naissance de l'homme. Tout ce qu'il y a en
lui de sincère, d'élevé, d'aspiration à un ordre terrestre plus parfait et plus divin, s'a-
percevra bientôt qu'il ne peut marcher sans
base, qu'il faut toucher au ciel par ses désirs, mais à la réalité humaine par les faits,
et reviendra au principe qui donne à la fois
la vérité spéculative et la force pratique,
l'espérance indéfinie du perfectionnement
des sociétés civiles, et la règle, la morale et
la mesure qui peuvent seules les y diriger ;
ce principe, d'où nous émanons tous,
croyans ou sceptiques, amis ou ennemis,

c'est le christianisme! Sa déduction logique
est la perfection sociale ; c'est lui qui a fait
la liberté moderne , plus vraie que la liberté antique ; c'est lui qui nous prépare
encore la charité politique et civile , plus
vraie que le patriotisme étroit, exclusif et
égoïste de l'antiquité ; son règne ne sera
autre chose que l'époque rationnelle , le
règne de la raison , car la raison est divine aussi.

Un mot ici : par ce règne futur et parfait
du christianisme rationnel , je n'entends
point ce règne matériel du christianisme,
cet empire palpable et universel du principe
catholique, prédominant de fait sur tous les
pouvoirs politiques, asservissant le monde
même à la vérité religieuse , et donnant ainsi

un démenti à la sublime parole de son auteur : Mon royaume n'est pas de ce monde.
Cette doctrine de politique religieuse réali-
sée dans des formes sociales, doctrine que
quelques hommes de foi et de talent réchauffent en vain aujourd'hui, n'a jamais eu
l'assentiment de ma raison : c'est chercher
dans un mysticisme couronné, dans une
théocratie posthume, dans une aristocratie
sacerdotale, un principe et une règle du
pouvoir humain, qui n'y existeraient pas
plus que dans le despotisme ou l'aristocratie
politique. La vérité même ne doit ni se ma-
nifester ni s'imposer par des formes de domination matérielle, car ses agens seraient
toujours hommes, les hommes altèrent ou
corrompent tout ce qu'ils touchent avec leurs

mains d'hommes, et nous feraient une tyrannie dégradante de la liberté même des enfans
de Dieu. La seule forme de manifestation et
d'empire de la vérité religieuse vis-à-vis la
vérité sociale et politique, c'est la parole,
c'est la liberté! Le seul joug des cœurs et des
intelligences, c'est la conviction! C'est là le
seul empire de la vérité chrétienne, le seul
joug que nous porterons tous avec liberté et
avec amour, quand le tronc immortel du
christianisme, qui renouvelle ses rameaux et
son feuillage selon les besoins et les temps,
aura porté et multiplié pour nous ses der-
niers fruits.

Revenons au jour où nous sommes, et
concluons. Vous le voyez, espérance et lumière à un horizon éloigné, sur l'avenir des

générations qui nous suivent; incertitude et
ténèbres sur notre sort actuel, sur notre
avenir immédiat. Cependant l'espérance pré-
vaut, et si chacun de nous, sans acception
de parti, d'opinions ou de désirs, se plaçait
dans la vérité qui est immédiatement devant
lui, y cherchait son devoir du jour, et em-
ployait sa force sans la calculer, le résultat
ne permettrait pas un doute : le monde social aurait fait un pas immense, et ses chutes
mêmes l'auraient avancé de plusieurs siècles.
Je ne suis pas prophète, mais la raison pro-
phétise : une loi éternelle, une loi morale
que les anciens appelaient fatalité, que les
chrétiens nomment providence, et qui n'est
autre chose que la volonté divine, enchaî-
nant les conséquences aux principes, les

effets aux causes, travaille éternellement
pour ou contre nous, selon que nous par-
tons du faux ou du vrai. Dans la vie privée
de l'individu comme dans la vie sociale
des empires, cette loi se manifeste sans
cesse par ses applications heureuses ou
vengeresses ; elle rétribue dès ce monde à
chacun selon son œuvre, à chacun selon
sa vérité et sa vertu ! C'est l'ombre de
la justice divine que l'on aperçoit de la
terre. Cette loi divine sous les yeux, on
peut prédire et l'on prédit en effet tous
les jours avec une pleine et infaillible assu-
rance.

On peut donc prédire que si un droit a
été omis ou violé volontairement dans un
fait politique, son absence ou sa violation

8.

jettera long-temps le pouvoir et le pays dans
une laborieuse expiation.

Que si le pouvoir, innocent lui-même de
la nécessité politique d'où il surgit, comprend cette dictature des évènemens, cette
mission d'une destinée sociale, et l'emploie
tout entière sans retour sur lui-même, au salut désintéressé du pays, à la fondation sincère et large d'un ordre libre et rationnel; il
triomphera de tous les obstacles, il créera ce
qu'il a mission évidente de créer, et du-
rera ce que doivent durer les choses nécessaires, le temps d'achever leur œuvre,
transition elle-même à un autre ordre de
choses, plus avancé et plus parfait.

Que s'il ne se comprend pas lui-même, et
s'il ne profite pas, au bénéfice de la liberté

et de l'humanité tout entière, du moment fugitif qui lui aura été donné ; s'il ne voit pas qu'une route longue, large et droite est ouverte sans obstacles devant lui, et qu'il peut y porter les esprits, les lois et les faits jusqu'à un point d'où ils ne pourraient plus rétrograder ; s'il se compte lui-même pour quelque chose, s'il s'arrête ou s'il se retourne, il périra, et plusieurs siècles peut-être périront avec lui.

Que si les royalistes constitutionnels, les hommes de fidélité, de religion, de monarchie, de liberté et de progrès, persistent à mettre leur répugnance d'esprit, leurs scrupules de souvenirs, leurs affections de parti, au-dessus de leurs droits et de leurs devoirs d'hommes et de citoyens ; que s'ils se reti-

rent comme ils viennent de le faire de toute
l'action politique moderne, l'élection; que
s'ils regardent sans combattre la mêlée politique qui se débat sous leurs yeux, et dont
eux-mêmes ils sont le prix sanglant; que
s'ils laissent vaincre l'anarchie contre eux;
que s'ils laissent fonder sans eux la liberté qui
n'est plus qu'oppression quand elle n'appartient pas à tous; que s'ils se refusent obsti-
nément à entrer dans l'ère nouvelle, dans ce
temple commun d'asile que les évènemens
et la Providence sociale leur ouvrent si souvent; que s'ils laissent mettre hors la loi du
siècle, hors de la protection et de la reconnaissance de l'avenir, eux, leurs principes,
leur religion et leur cause, ils se suicident
eux-mêmes; ils concourent aveuglément à la

ruine du présent, au meurtre de l'avenir social; et ils préparent pour eux, pour leur
patrie, pour leurs fils, un de ces châtimens
déplorables que la Providence inflige quelquefois à l'erreur aussi sévèrement qu'au crime.
Pour nous, innocens de cette erreur, si
nous ne répudions pas notre part de la peine
qui ne choisira pas, répudions du moins toute
participation à la faute; nous aurons du
moins protesté; si notre voix ne doit pas
être comprise, elle aura du moins retenti!
Qu'elle retentisse encore! Suivons cette lumière qui luit pour nous, cette lumière que
tous peuvent voir, cette lumière qui éclaire
la morale politique des mêmes clartés que la
morale privée; faisons le mieux possible
dans toutes les circonstances données; les

évènemens ne nous appartiennent pas ; mais
notre détermination nous appartient toujours tout entière ; les évènemens ne sont
jamais neutres : nous n'avons donc jamais le
droit de l'être nous-même. Il y a toujours
dans toutes les combinaisons des choses humaines un mal à éviter, un mieux à chercher, un choix à faire. Quelqu'un a dit que
dans les temps de révolutions, il est souvent
moins difficile de faire son devoir que de le
connaître ; mais la morale du christianisme
a une lueur qui éclaire toujours suffisamment
chacun de nos pas, en nous montrant toujours un but que l'instabilité des évènemens
et le vent orageux de la fortune ne peuvent
voiler ni ébranler, le bien de l'humanité. Le
choix, que cette morale nous commande,

faisons-le jour par jour, heure par heure, selon la raison, la conscience et la vertu ; n'en cédons rien à nos ennemis, rien à nos amis même ; supportons la haine et l'injure des uns, le sourire et la raillerie des autres ; devant chaque homme, devant chaque époque, devant chaque fait, il y a un devoir ; dans chaque devoir il y a une vertu, à chaque vertu une rétribution présente ou future ; chacun de ces devoirs accompli par nous est à notre insu de la haute politique, car la politique n'est que la morale appliquée à la vie civile.

Notre devoir à nous comme notre politique, c'est de nous confondre avec le pays dont nous ne pouvons nous séparer sans l'affaiblir et par conséquent sans crime ; le

pays, qui n'eut jamais nécessité plus grande
de secours, de lumière et d'énergie, ne nous
pardonnerait pas de ne pas lui avoir offert
ce que nous pouvons en posséder dans nos
rangs. Ne nous constituons pas nous-mêmes
les ilotes de la civilisation et de la France ;
n'acceptons pas, ne justifions pas par une
fausse attitude politique ce titre de vaincus
que des ennemis habiles voudraient nous in-
fliger pour se donner les droits odieux de la
victoire, ce titre de vaincus dont quelques
uns de nous ont la faiblesse de s'honorer !
Il n'y a eu de vaincus en France dans la bataille de juillet, que ceux qui de fait ou de
cœur ont voulu trahir la foi jurée, attaquer
le pays dans son droit et dans son repos, renverser les institutions et remettre au hasard

d'une mêlée de rue, une nation, un trône,
l'Europe et le siècle! Nous ne sommes pas de
ces hommes! nous les avons reprouvés avant,
pendant, et après; plaignons leur aveuglement et leur peine, mais ne nous imposons
pas à nous-mêmes la réprobation politique
dont nous les frappâmes avant la défaite,
avant la postérité; ils ont commis la faute, et
nous en portons la peine; nous ne sommes ni
les vainqueurs, ni les vaincus, nous sommes
les victimes de juillet! Connaissons notre véritable dénomination, et faisons-la reconnaître aux autres; nous sommes Français et di-
gnes de la France. Unissons nos efforts aux
siens pour la relever, la soutenir, la constituer et la défendre; si elle nous repousse,
plaignons-la, mais ne lui laissons pas dire

que nous l'avons abandonnée! Pressons-nous
dans les rangs de sa milice nationale, pré-
sentons-nous partout où il y a un service désintéressé à lui rendre ! N'examinons pas
sous quelle couleur et sous quel signe, mais
pour qui et pourquoi nous combattons! C'est
toujours la France et la patrie, c'est toujours
l'humanité honorant tous les signes, toutes
les couleurs qu'elle déploie ! Votons dans les
conseils municipaux, votons dans les conseils de départemens! votons dans les collé-
ges électoraux surtout ! Ne nous laissons
point volontairement fermer le seuil de l'action politique, de l'élection, par une répugnance ou par une erreur.

Entrons, si on nous en ouvre la porte,
dans l'assemblée des représentans du pays ;

abordons la tribune avec une parole con-
vaincue, loyale et ferme ; si la chambre n'a
pas d'échos pour nous, le pays en aura. Les
paroles du mandataire du peuple portent
plus loin et plus juste que la voix de l'écrivain ; c'est toute une population, toute une
province , toute une opinion , qui parlent
par cette bouche ; il a mission pour proférer
un symbole politique , pour protester au
nom d'une vérité ou d'un intérêt ; la tribune
est la chaire de vérité populaire ; les paroles
qui en tombent ont la réalité et la vie. Montons-y donc ! montons-y, non pas pour parler plus haut à des passions qui nous de-
mandent de les flatter, et qui nous paieront
notre lâcheté en applaudissemens ; non pas
pour caresser de vains regrets ni pour en-

venimer d'amères répugnances ; non pas
pour récriminer contre un passé qui n'appartient plus à personne ; non pas pour semer des embûches dans la route embarrassée
d'un pouvoir qui n'a que trop d'abîmes sous
les pas ; non pas même pour disserter,
comme les sophistes de Constantinople, sur
les arguties du dogme politique, le droit
divin ou social, la source et la légitimité des
pouvoirs, les droits d'une famille sur un peuple ou d'un peuple sur une famille. Laissons
ces choses aux heures de paix et de vaines
disputes, et leur solution au temps et aux
faits, qui seuls les résolvent; parlons-y du
présent et de l'avenir ; établissons-y nos lar-
ges et fécondes théories de droit et de liberté ; jetons notre sentiment religieux,

moral, progressif, dans les lois; rappelons-y
à l'humanité ce qu'elle se doit à elle-même,
ce qu'elle doit aux générations qu'elle en-
fante; faisons-lui comprendre l'époque qui
est sous ses yeux et qu'elle ne voit pas;
Montrons-lui ce siècle éclos pour de grandes
choses, et prêt à se fondre en vaines que-
relles de mots et de personnes, en inanités
politiques, en guerres stériles, en ruine
nationale, en calamités européennes, si elle
ne le saisit pas à son heure, si elle ne cueille
pas le fruit qui est mûr aujourd'hui, qui
sera corrompu demain! Descendons de là
aux intérêts du jour : aidons la démocratie
à s'organiser pour vivre; donnons-lui des
guides, faisons-lui des lois, créons-lui des
mœurs, car elle est seule tout l'avenir du

monde ; apprenons-lui surtout qu'elle ne
peut vivre sans forme, que la forme de
toute réalité politique c'est un gouvernement ; que la vie de tout gouvernement
régulier c'est un pouvoir vrai et fort ; que
ce pouvoir ne peut être l'expression mobile des factions inconstantes, l'œuvre
perpétuel du caprice populaire, qu'il lui
faut des racines dans le sol pour résister aux
tempêtes ; que ces racines ce sont les lois
organiques qui doivent l'attacher au pays,
et communiquer à ses rameaux la sève qu'il
y puisera sans cesse. Rappelons-lui que pour
être un peuple libre, il ne suffit pas d'inscrire
le mot liberté sur le frontispice de son gouvernement, mais qu'il faut le sceller dans
les fondemens même, et depuis la base jus-

qu'au sommet ne faire de l'édifice social
qu'un tout harmonieux de droits, de devoirs, de discussion, d'élection et de liberté. Avant tout, prouvons-lui qu'il faut
être juste, et que le droit de tous ne vit
que du droit de chacun. Le despotisme peut
subsister sur de fausses bases, parce qu'il
s'appuie sur la force ; la liberté ne le peut
pas, parce qu'elle s'appuie sur la justice ; si
le droit d'un seul manque à ses conditions,
sa base fléchit tout entière, et elle croule.

Élevons souvent les regards des hommes,
notre pensée et notre voix, vers cette puissance régulatrice d'où découlent, selon Pla-
ton comme selon notre évangile, la justice,
les lois et la liberté; qui seule sait tirer le
bien du mal; qui tient dans ses mains les

rênes des empires, et qui les secoue souvent
avec violence et rudesse, pour réveiller l'humanité de son sommeil, et lui rappeler qu'il
faut marcher dans la route de sa destinée
divine vers la lumière et la vertu ; cet élan
de l'humanité vers le ciel n'est pas stérile ;
c'est une force intime, c'est la foi de l'humanité dans le progrès. Rappelons à nous cette
force et cette foi des temps d'épreuve et de
doute ; confions-nous à cette providence,
dont l'œil n'oublie aucun siècle et aucun
jour ; faisons le bien, disons le vrai, cherchons le juste, et attendons.

Adieu, monsieur ; tandis qu'inutile à
mon pays, je vais chercher les vestiges de
l'histoire, les monumens de la régénération
chrétienne et les retentissemens lointains de

la poésie profane ou sacrée dans la poussière
de l'Égypte, sur les ruines de Palmyre ou
sur le tombeau de David; puissiez-vous ne
pas assister à de nouvelles ruines, et ne pas
préparer à l'histoire les pages funèbres d'un
peuple qui porte encore en soi des siècles
de vie, de prospérité et de gloire! Puissent
les cœurs et les esprits généreux que cette
terre produit à chaque génération sans s'é-
puiser jamais de génie et de vertu, étouffer
leurs passagères dissensions dans le sentiment
de leur commun devoir, et garder cette fortune
de la France, que la France seule peut ternir
ou éteindre! c'est là le vœu du plus dévoué
de ses enfans, qui ne la quitte pour un jour
que parce qu'elle ne le réclame pas, qu'elle
peut rappeler à toute heure, et qui ne se

croira libre de ses pensées ou de ses pas que s'il ne peut les employer mieux pour elle, et la servir ou l'honorer autrement !

ALPHONSE DE LAMARTINE.

Saint-Point, 25 septembre 1831.

TABLE.

Avertissement de l'éditeur. . . . . page 1

Sur la politique rationnelle. — A M. le directeur

de la *Revue européenne.* 5

§ I. . . . . *ib.*

§ II. 14

§ III. 18

§ IV. 21

§ V. 24

§ VI. 29

§ VII. — Applications. 40

§ VIII. 46

§ IX. 58

§ X. — Conclusion et conjectures. 97

Imprimé en France
FROC032003250919
22251FR00013B/420/P

9 782329 332444